CW00900956

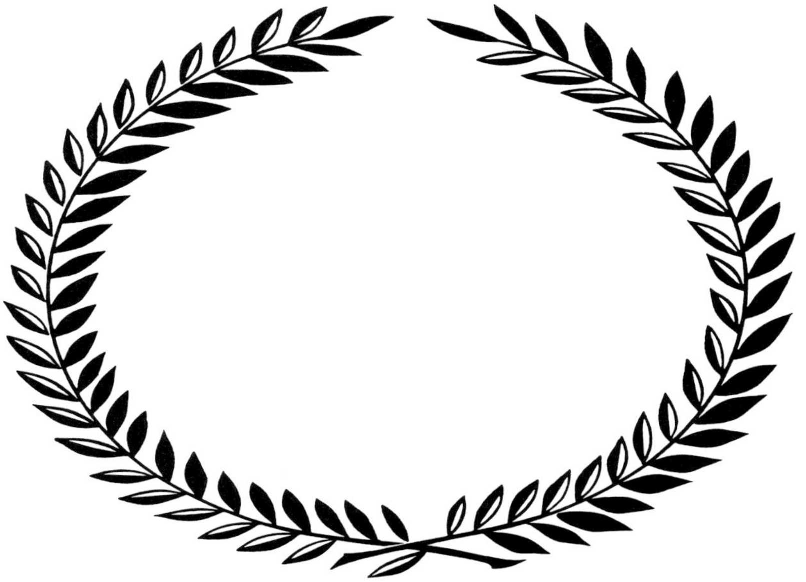

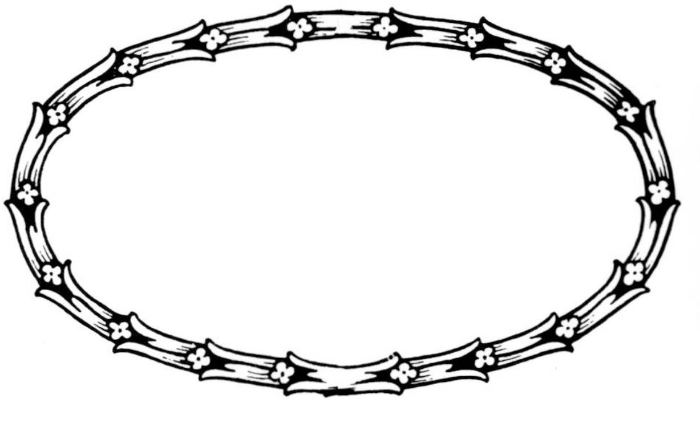

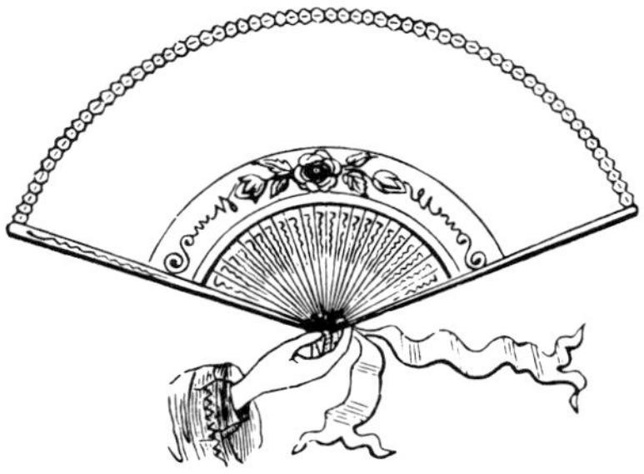

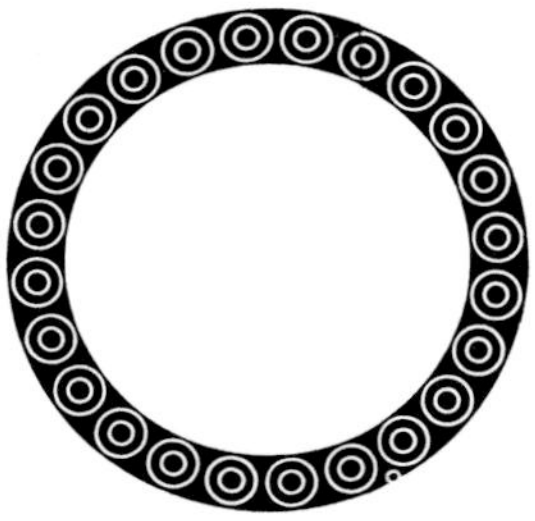

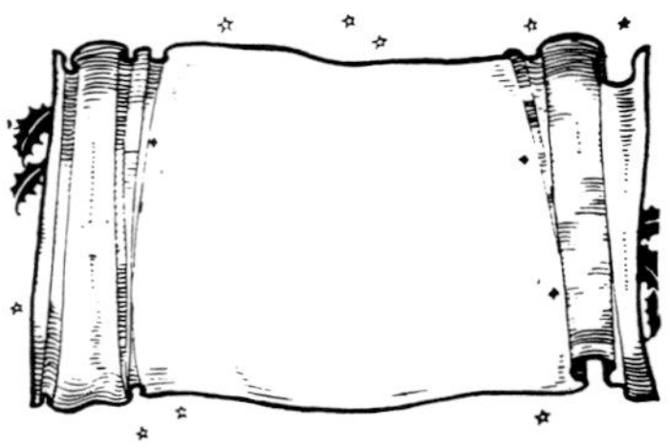

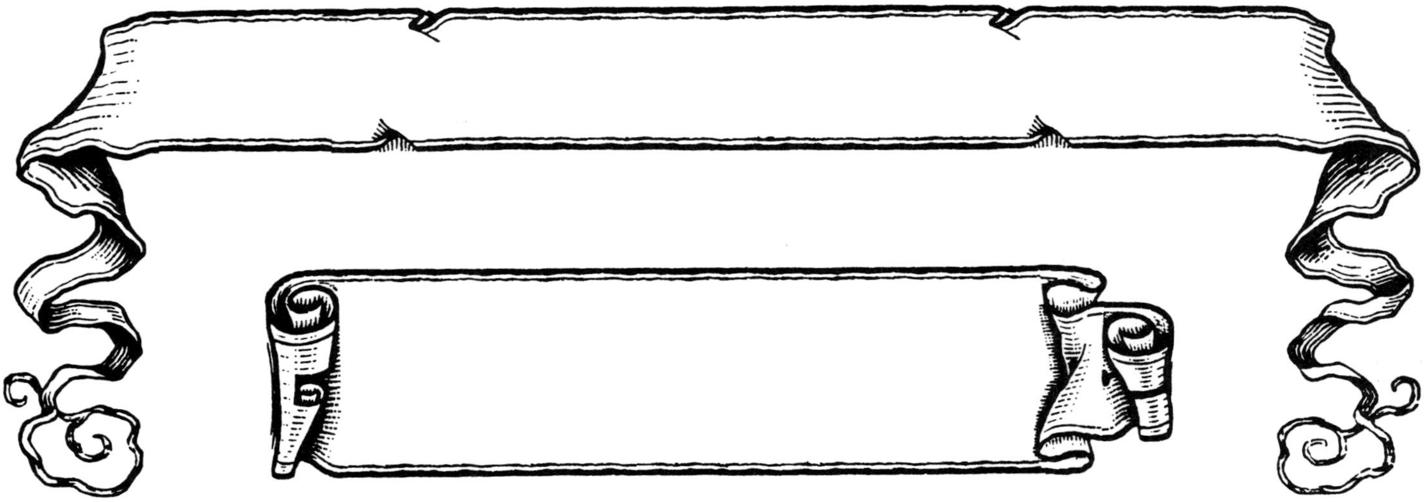
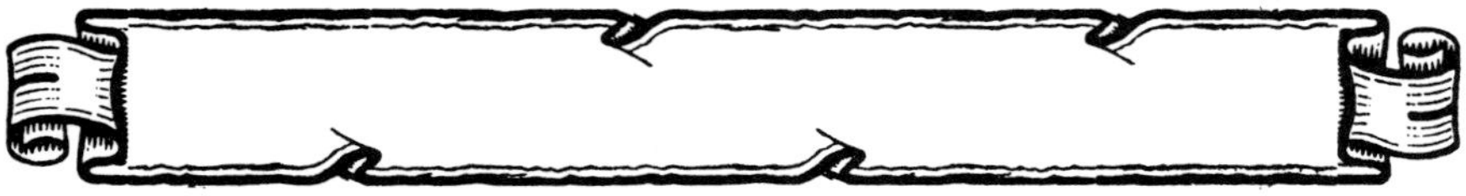

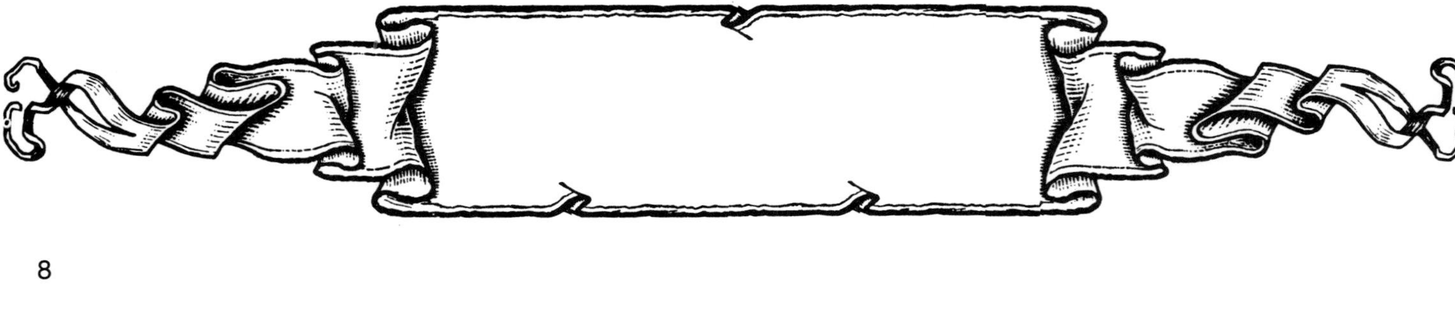

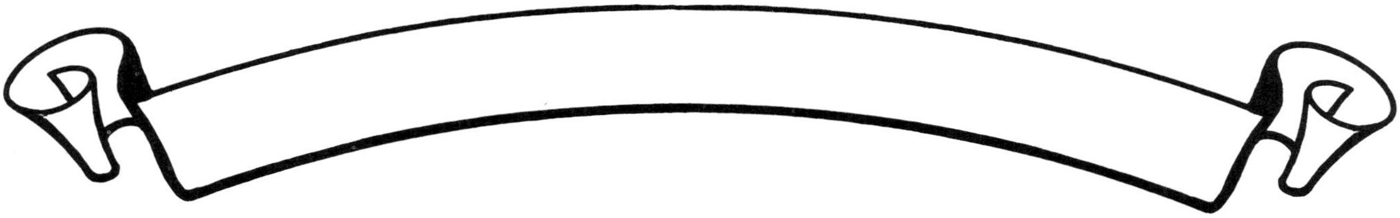
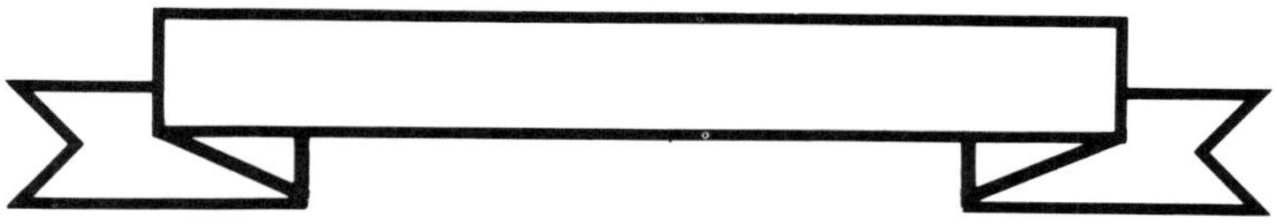

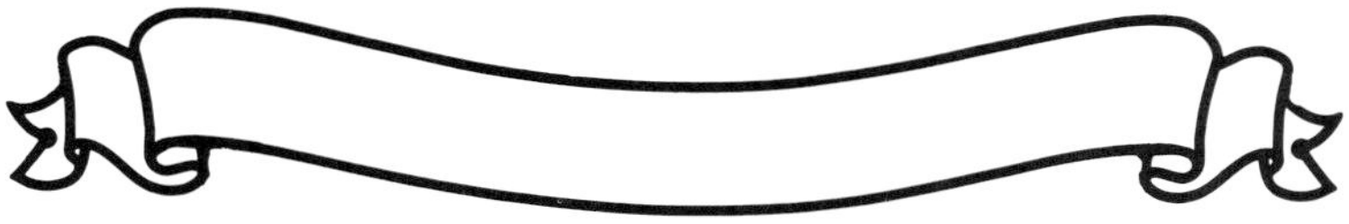
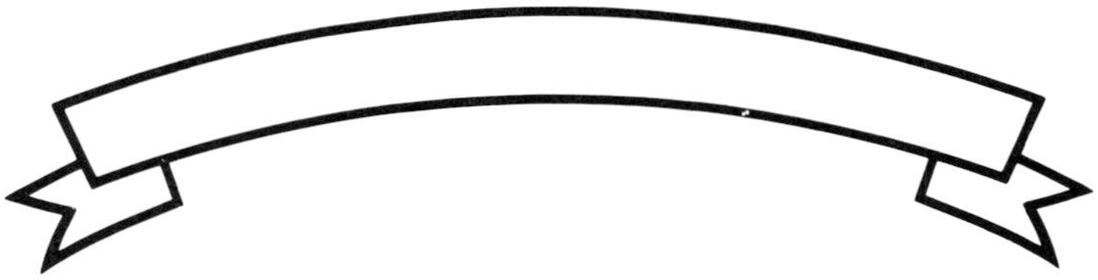

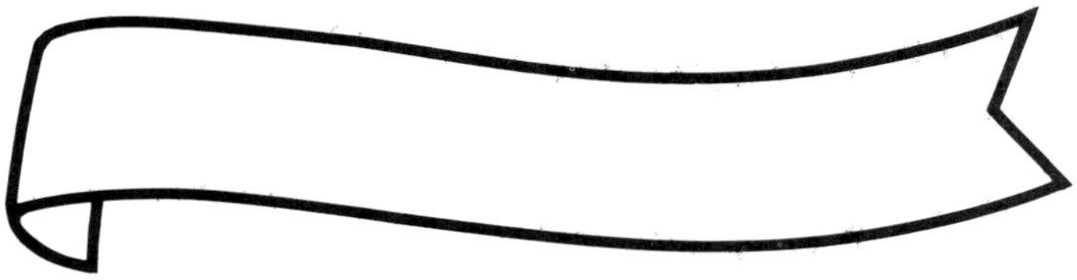

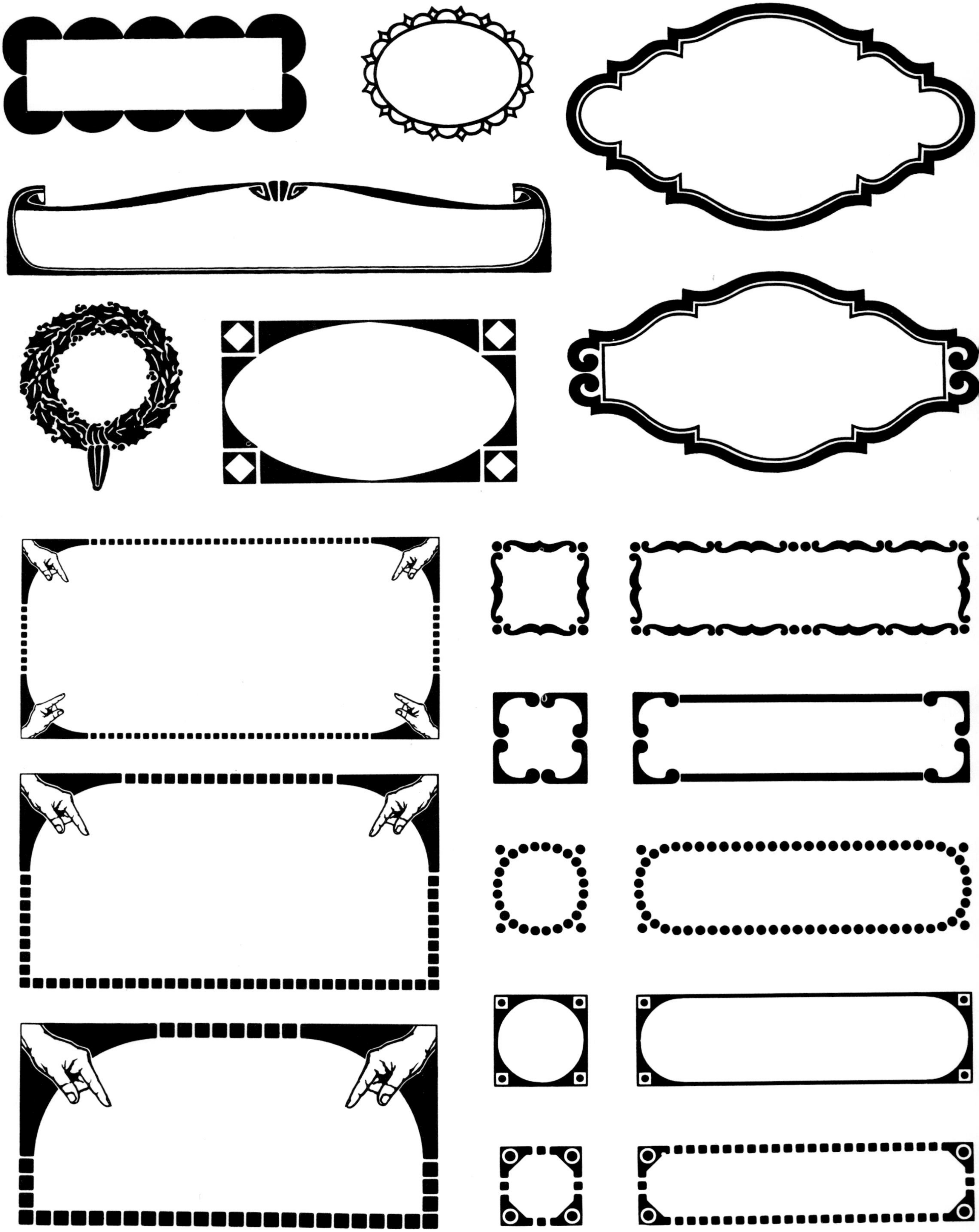

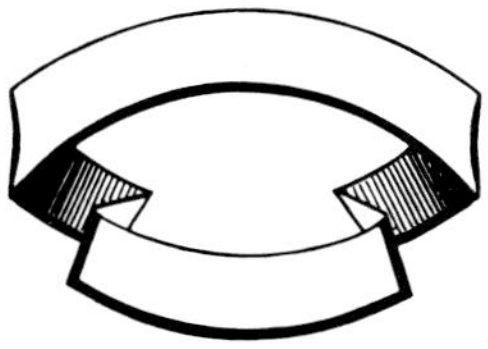

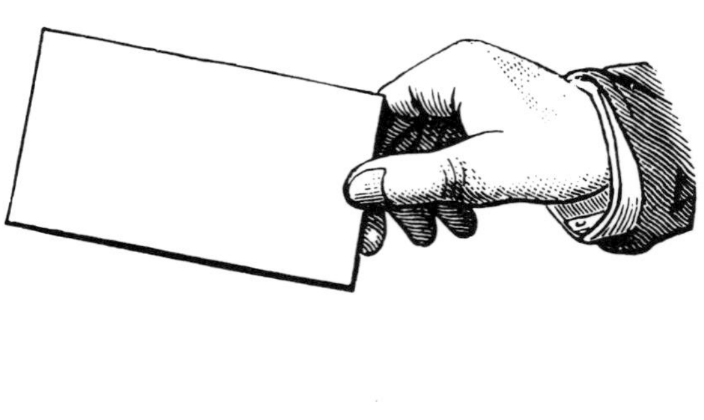

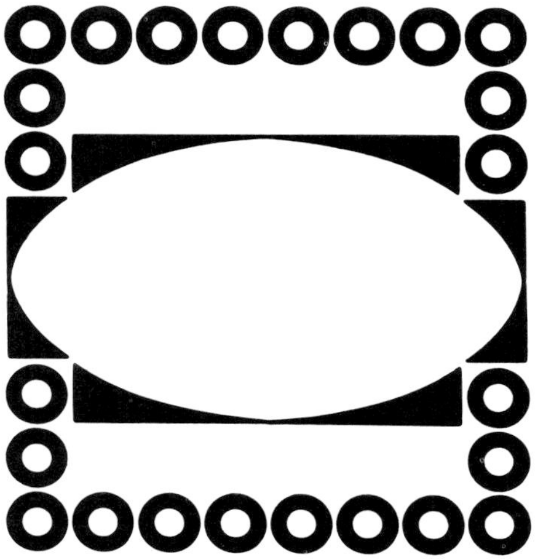

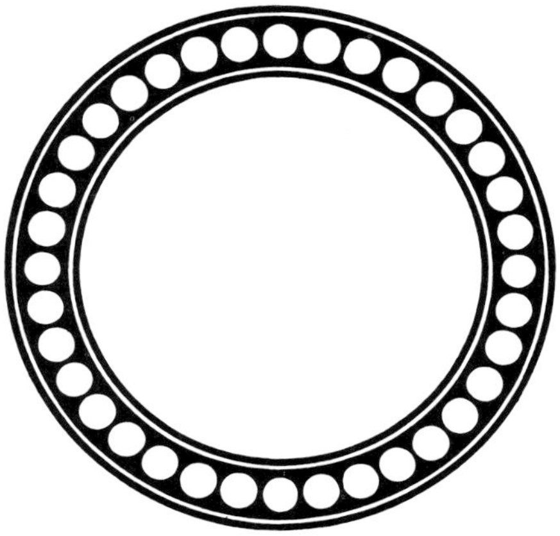

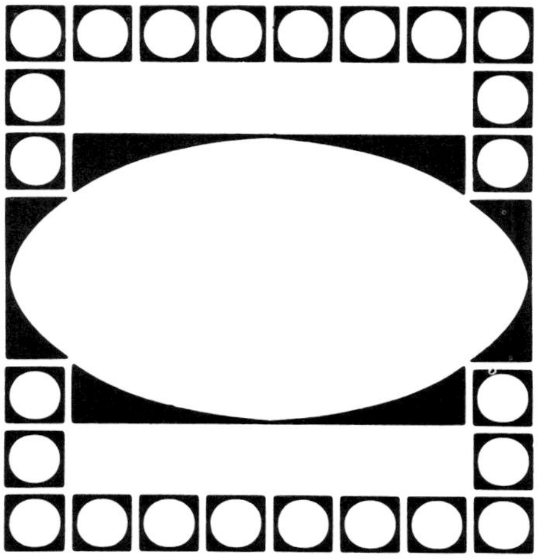

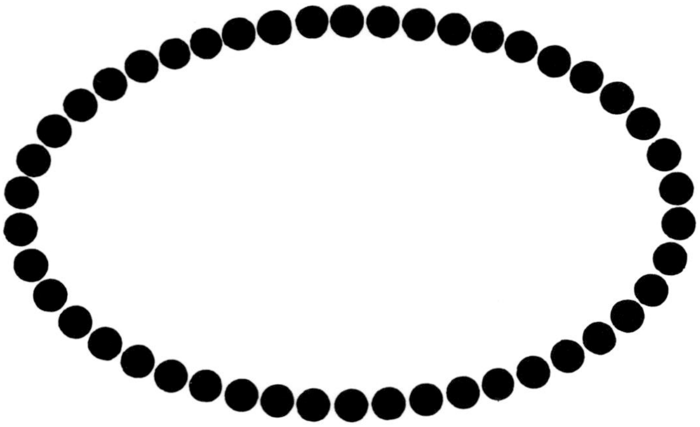

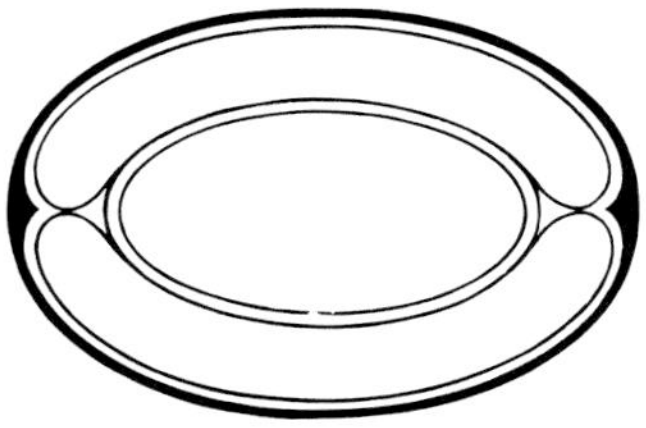
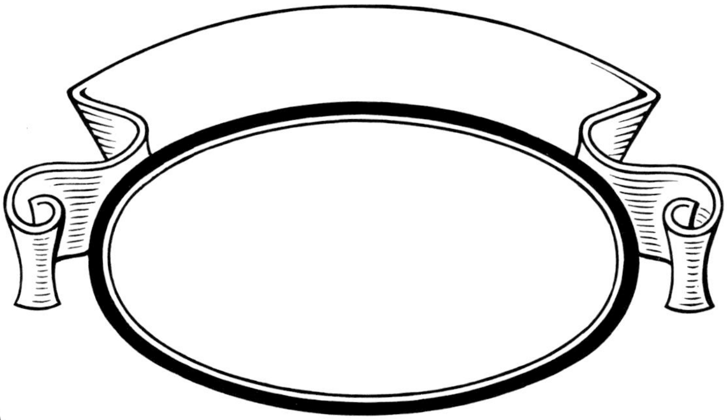
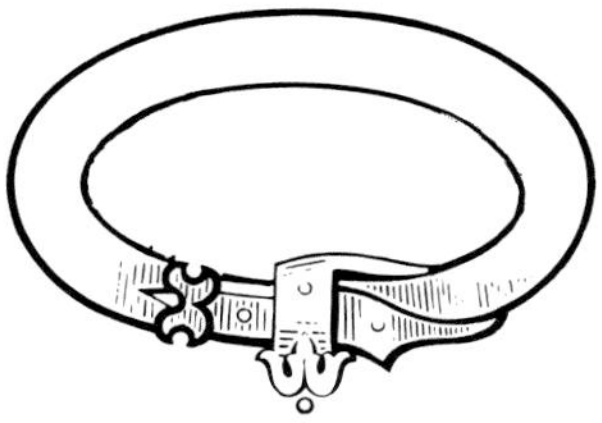
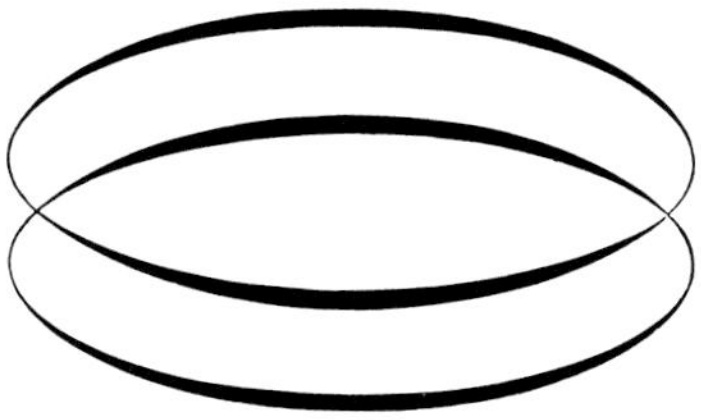

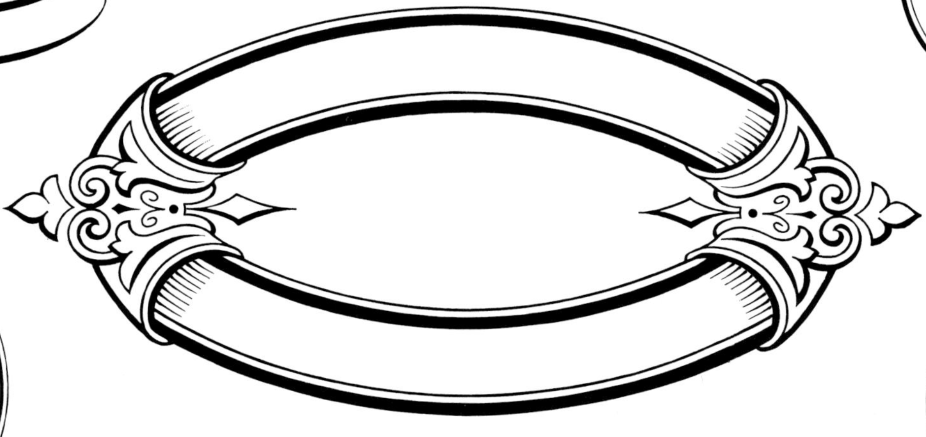
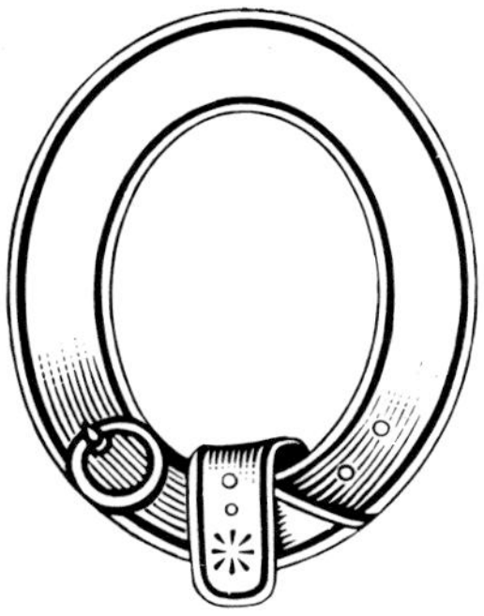

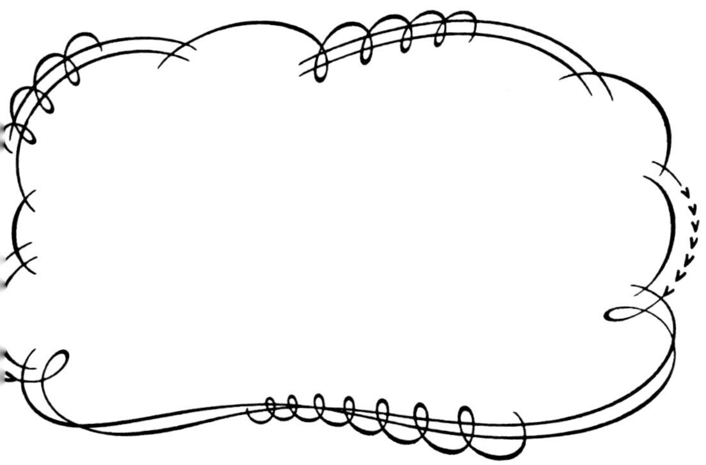

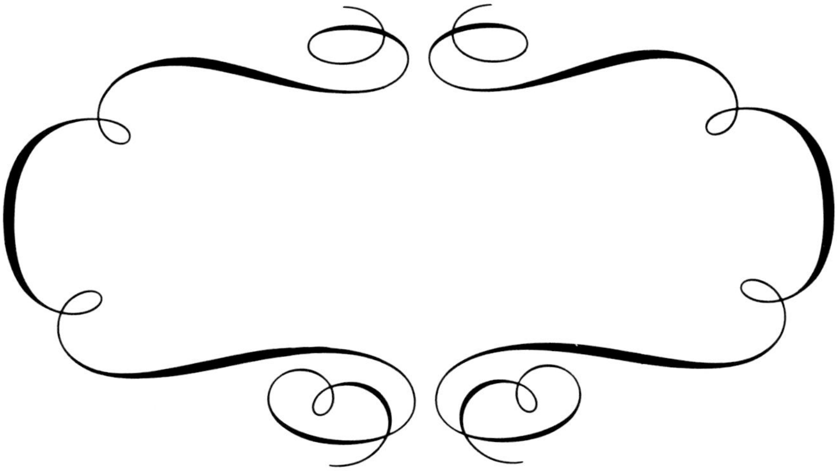

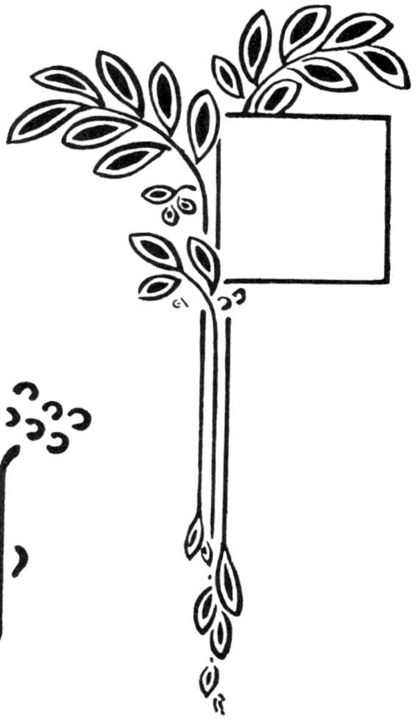

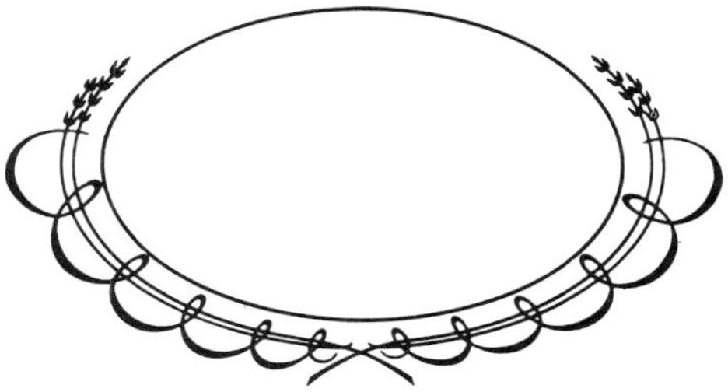

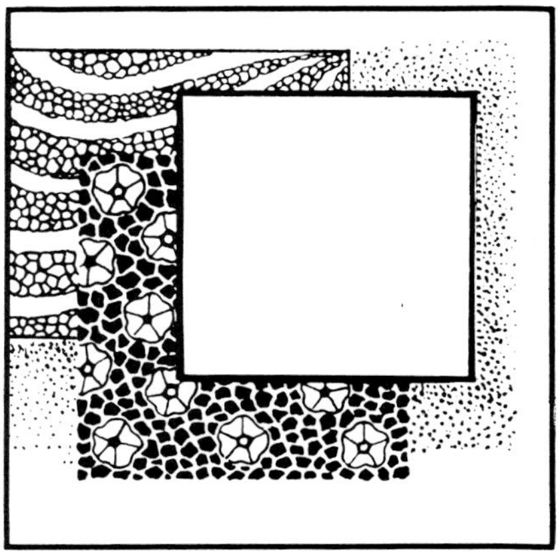

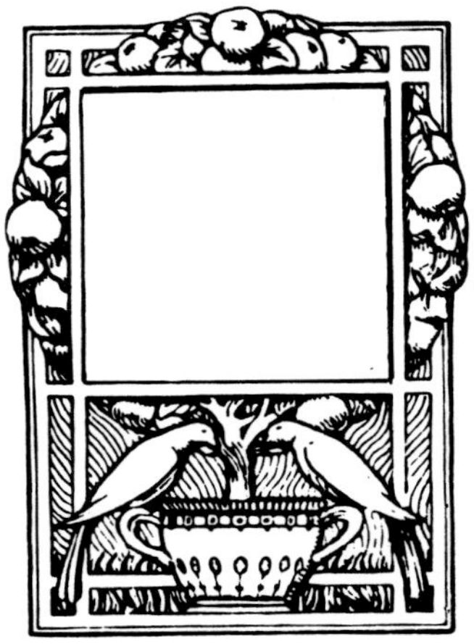

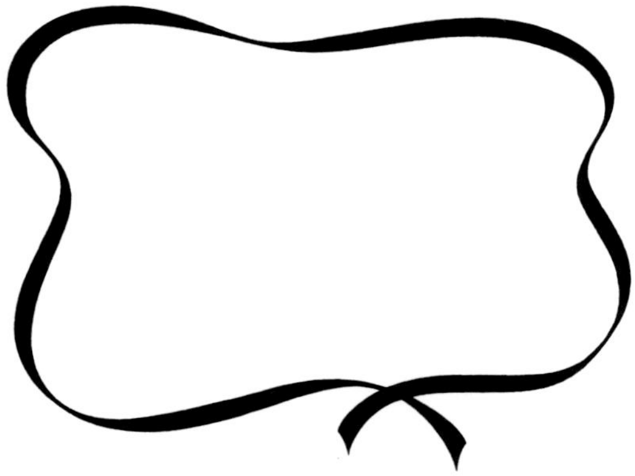

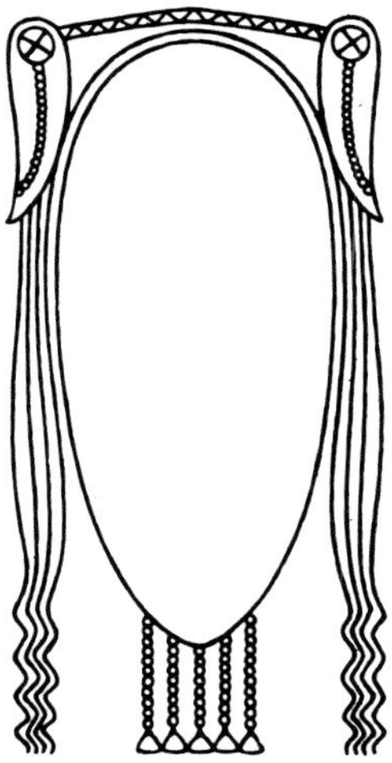
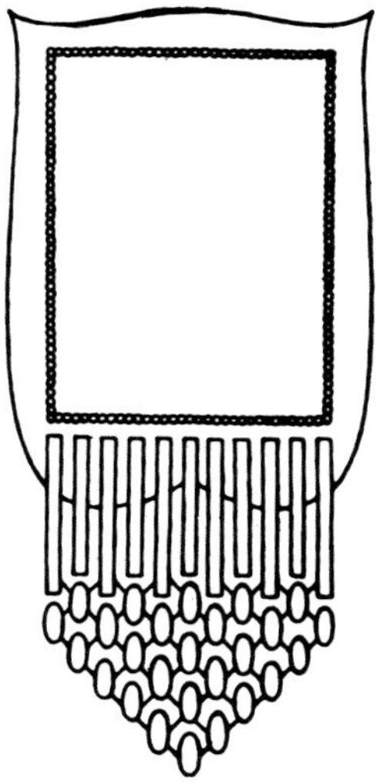
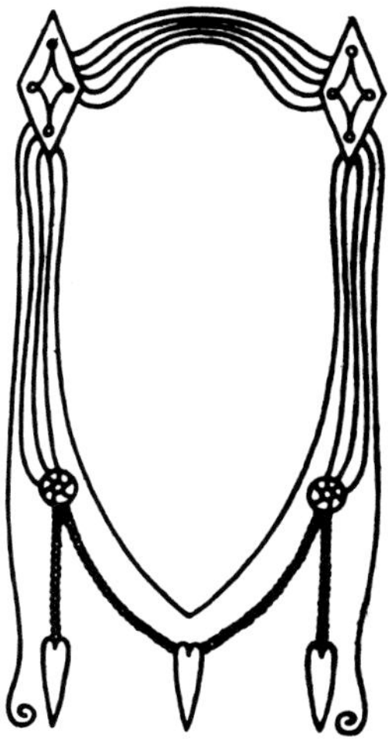

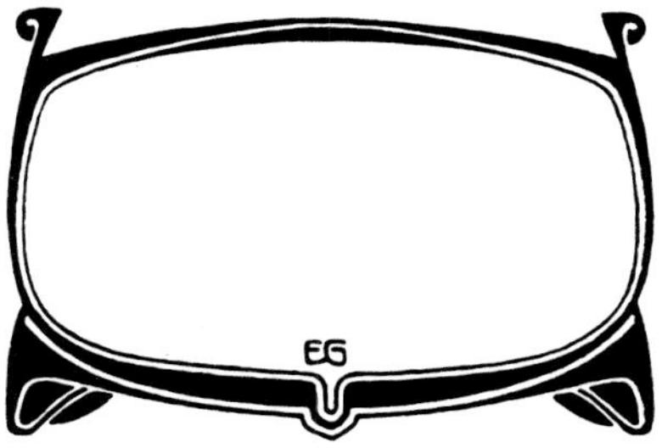
EG
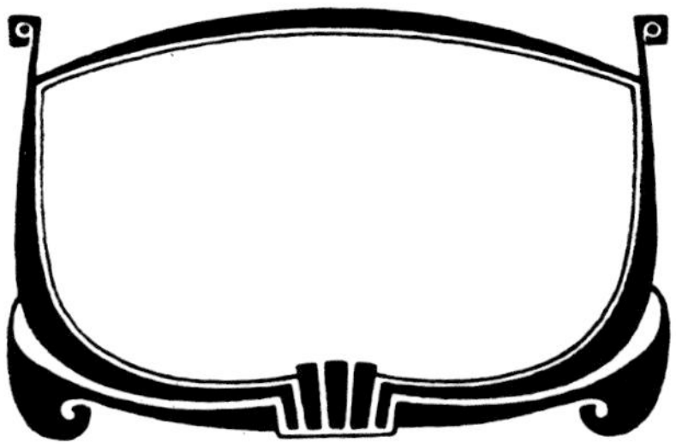

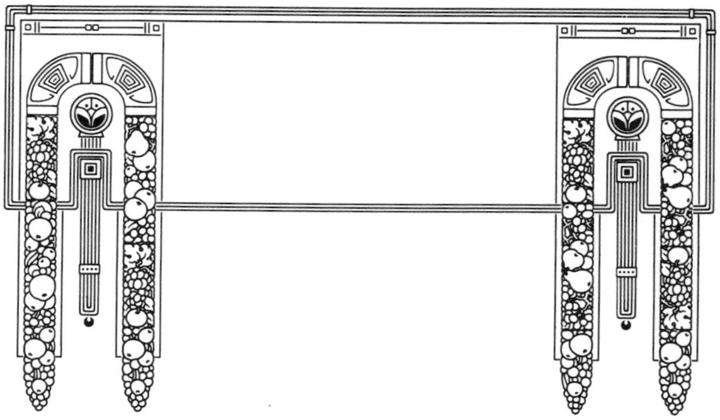

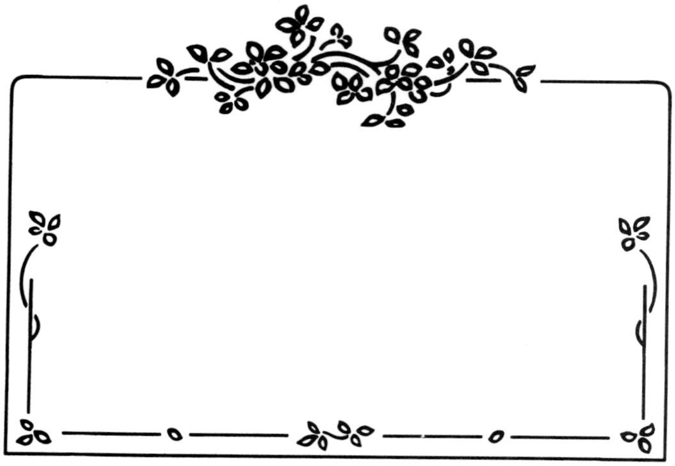

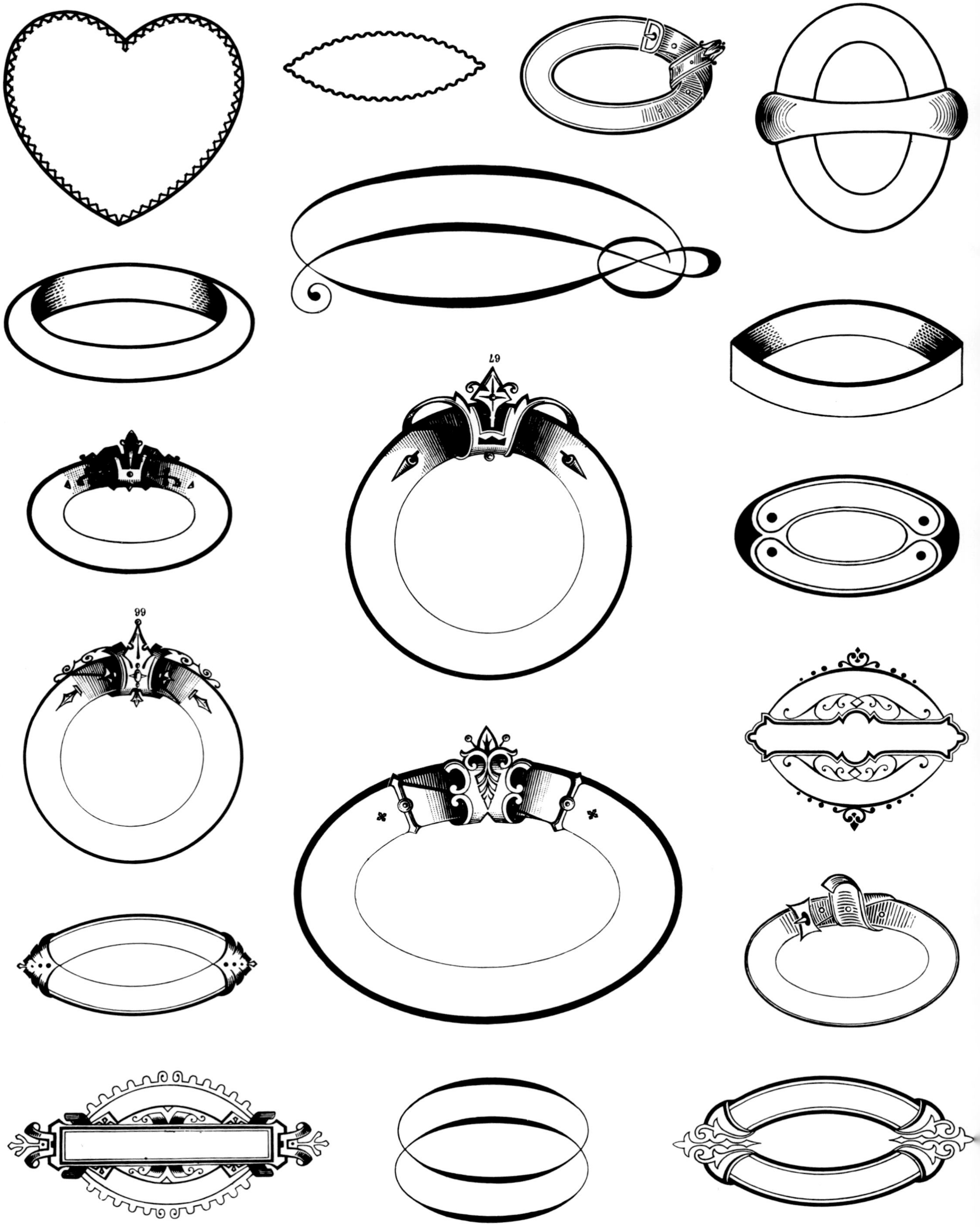

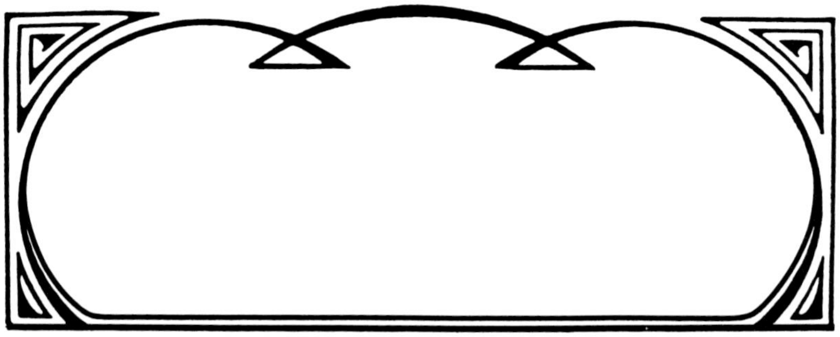

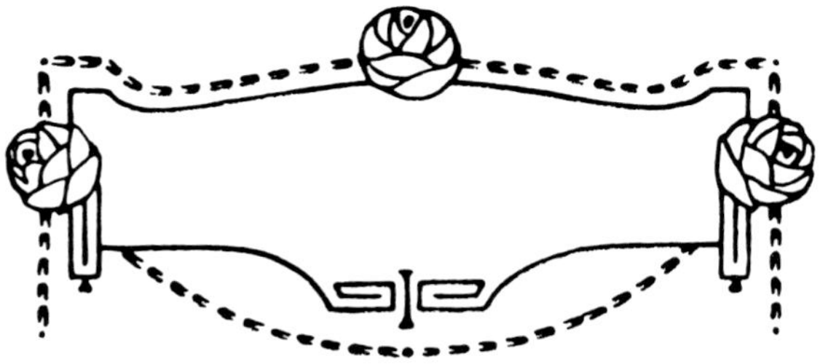

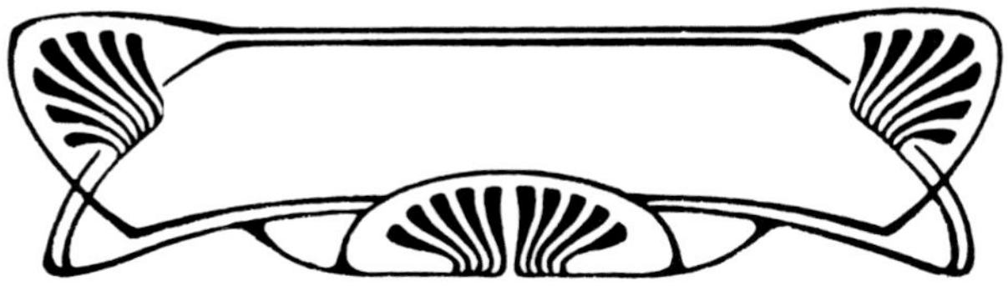

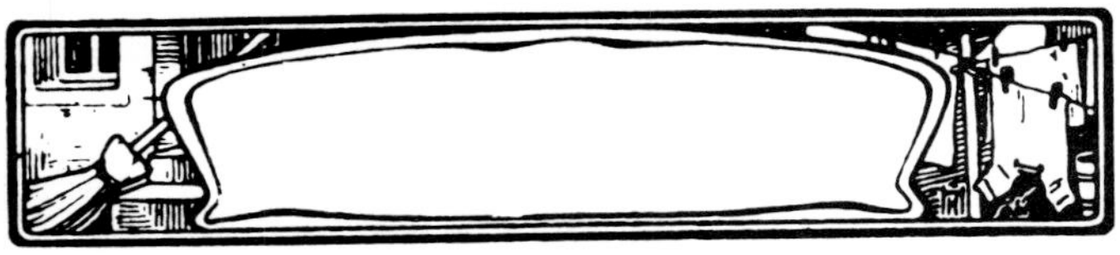
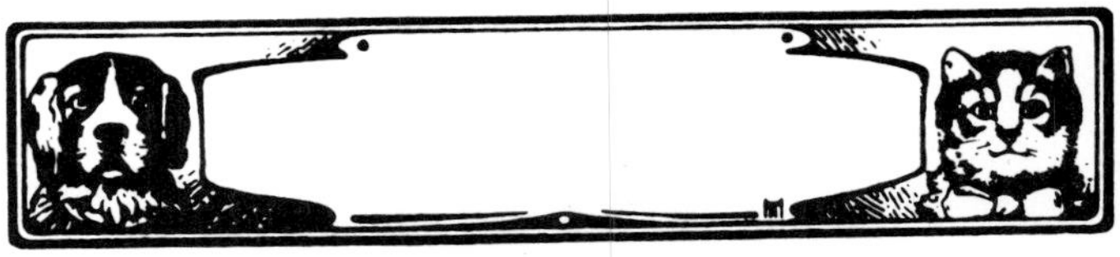

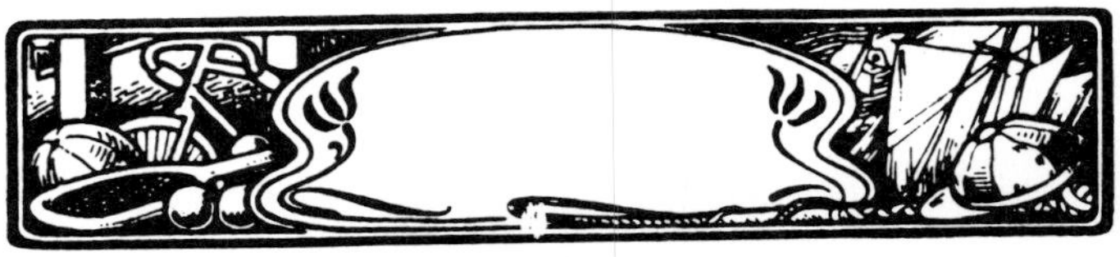

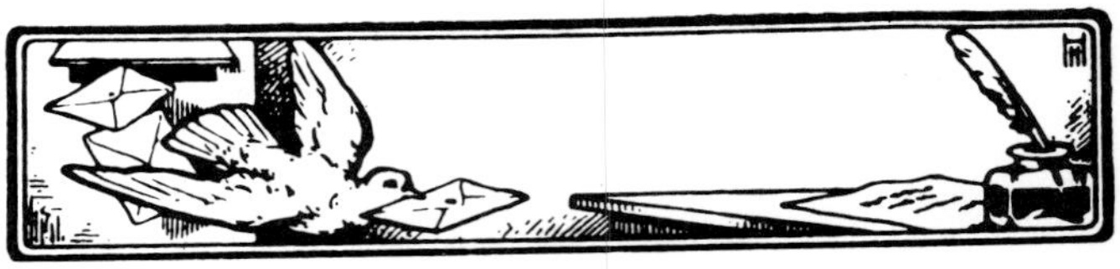

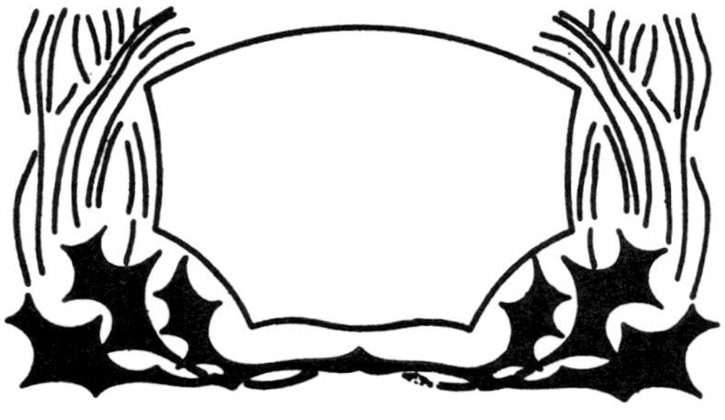